Amar lo aprendí de ti

Azul 44

EDIQUID

AMAR LO APRENDÍ DE TI

Editado por: Corporación Ígneo, S.A.C.
para su sello editorial Ediquid
José Olaya 169, Ofic. 504, Miraflores. Lima, Perú
Primera edición, septiembre, 2025

ISBN: 978-956-424-016-9

www.grupoigneo.com
Correo electrónico: contacto@grupoigneo.com | Teléfono: +51 955 071 270
Facebook: Grupo Ígneo | X: @editorialigneo | Instagram: @grupoigneo

Ilustraciones: Azul 44

Colección: Nuevas Voces

Contenido

Para ti.

Gracias, gracias, gracias.
Por amar, por entender, comprender.

Primera parte
«Mi amor por ti»

I. Junta de ombligos

28 de noviembre de 2022

Tal vez puedas juzgar
calamidad o imprudencia,
haberme entregado
de bruces a amar.

Ignorante en dicha cuestión,
sin elocuencia o experiencia
en lo que otros dicen
del amor versados ser.

Mi ser así ha sido siempre,
es solo que ni yo misma lo pude ver.

Ahora que con algarabía veo,
quise darte la noticia,
y aunque otros juzgan al mirarme
que tu amor presumía,
solo fue el gozo de mi alma agradecida
que tu amor fue a alcanzarme.

De palabras puede haber miríadas,
de tu amor hay infinitas oleadas.
Si miran amor, bien por ellos,
qué feliz soy cuando veo tus ojos
y me pierdo en ellos.

¿A quién importa lo que tras la cortina
o bajo las sábanas hacemos?
¿A quién le importa si vivos
y no muertos andemos,
aunque como zombis
en este mundo nos movemos?

Amor, déjate llevar y deja que, además
de nuestros corazones,
nuestros cuerpos unamos;
ya es la hora de que ombligos juntemos.

II. Porque

28 de noviembre de 2022

Él me hizo así,
con mis mancos y patichuecos,
y quiso que te ame, tal vez
solo para entretener intelectos.

Este viaje diseñado
para ti y para mí,
del mejor sastre
fue su confección.

Aunque te parezca una salvaje,
tal cual, soy.
Bajo el mejor brebaje,
su amor.

De intencional mente,
el error,
pues si mi mente no comprende,
algunas y otras veces,
con tus bellas imágenes
caí en comprensión.

Después de meditar
por qué esta atraída mi atención,
viviendo un drama personal
causado por Él,

nada es casual,
su designio es.

Aunque mil veces
quise cuestionarlo,
lo he de aceptar;
que esta amante,
obediente, finalmente
se habrá de disciplinar.

Aunque de mí
hace burla la gente,
de cómo Él conmigo
juega y jugó,
tal vez es Azul
que sus oídos no bien lavó
y, tal cual pájaro,
en espantapájaros se posó.
Mis rasgos he de controlar,
Azul de mente impecable
algún día lo logrará.
Tú lo sabrás,
en tus sueños
me encontrarás.

Quien te ama,
ahora sin cuestionar
un porqué o la razón,
de un conjunto de datos
surgió información,
que, utilizada en inteligencia,
tal vez, solo tal vez,
le dé a mi corazón ardiente
un buen sazón;

sabiduría para, al fin, con alegría
celebrar nuestra unión.

Y si es cualidad tuya ser paciente,
que sea la voz de mi amado
la que indique el momento presente
y diga cuándo estarás a mi lado.
Él, que siempre a mí viene,
mi único Yo,
responderá: «Aquí estoy».
Poder amarte es el mejor regalo de Dios.

Tuya y de la poesía,
Azul 44

III. Primera vez

30 de diciembre de 2022

Me han dicho tantas cosas
de cómo puede ser tu primera vez,
que al siguiente día
te dolerán las piernas, etcétera, etcétera.
Llegué con miedo a verte,
sabía que tú eras experto
y eso podría ayudar,
pues me enseñarías.

Estábamos juntos,
me tomaste de la cintura
y me subiste. Dijiste:

—Abre las piernas, ¡relájate!
—Si no quieres tomar la rienda,
¡coge!... el pelo,
yo llevaré la rienda,
solo disfruta.

Sentí su piel sedosa
entre mis muslos
y me dejé llevar.
El aire golpeaba mis mejillas
y cuando iba más rápido
realmente sentí el placer.

—¡Abre los ojos o te caerás!
—¡Sujétate fuerte!

Tus carcajadas
me hicieron sonrojar,
así fue mi primera vez
al cabalgar.

Cuando me preguntaste
qué sabía de caballos,
te dije: tienen cuatro patas.
Pusiste tremenda cara,
titubeé y corregí...
Bueno, creo que en tu país tienen tres.

—¡Oh, Dios mío! ¡Cállate, tontita!
—Tú solo piensas en el tripié.

IV. Rectos pies

30 de diciembre de 2022

Cuando, al verme melancólica,
él me dijo:

—Azul, no estés triste
por pensar que has sido engañada,
solo tienes que saber que los versos
soy yo quien los dictaba.

Estás en mi corazón,
eres parte de mí,
eres por mí amada.

En cada rincón, en cada palabra,
en cada gesto, en cada sol,
en cada mirada me mirará;
y hasta en su último suspiro
me pensará...
Eres tú quien le mostró
qué es amar.

Es cuestión de tiempo
reconocer el ser
que surgió bajo mil capas
que cubrían su piel.

Verse en el espejo
nunca como antes volverá a ser,

pues, al reconocer la esencia propia,
no podrán sus ojos atrás volver.

Quien repite la historia,
quien busca la gloria,
vana búsqueda será;
pues hay que aprender
a tener memoria de lo que
en este mundo se es:
NADA.
Mas en lucha, caminando
a rectos pies,
tal vez descubra
lo que Azul es.

V. Me trago el veneno

31 de diciembre de 2022

Aunque soy una mujer madura,
como chiquilla me tratas,
jugueteas con mi mente
cuando al aire arrojas tus palabras,
y con imágenes retratas este amor
que cada día por ti inflama mi corazón.
Quise acusarte
de haberme hecho enamorar,
pues lo que para ti fue un juego
para mí derivó en amar.

Si acusándote
se aleja la musa de la poesía,
nuevamente me trago el veneno;
porque al amarte nadie me aseguró
que tú me amarías.

Aun así, una promesa
atrapa a este pájaro de amor,
al cual Cupido una flecha
de oro en mi corazón clavó.
Y si de amor hay rechazo,
es porque a ti flecha
con punta de hierro tocó.

Sea, pues, mala suerte
la que a mí corresponde

y de ti me aleja,
aunque exprese mejor
que un rayo mi cuerpo partiera.

Alma mía, por ti
eternamente cantaría.
Pero si para ti no es deleite,
¿de qué serviría?

Aunque en mi oído él susurró
que no se equivoca,
y que eres tú
el que siempre amar me toca.
¡Te amaré por siempre!

VI. Amar lo aprendí de ti (carta)

2 de enero de 2023

Extendí mi palabra,
que bien pudiera parecer artificiosa,
pero no lo es;
quise que fuera juiciosa.

Embellecí, aun así,
con suaves metáforas,
el amor que cada noche
en mi corazón explota.

Recorrí el lado oscuro de la luna,
y a ojos cerrados te vi,
pues tu fragancia me impregnó.

Sé que te ocultas,
mas te reconozco, te intuyo,
y mi pluma clama por ti.

Fuera de decirlo abatida,
con orgullo o entristecida,
lo expongo a grito limpio,
pues fui advertida
de que nadie podía obligarte
a darme o corresponder mi amor.

Trovador o bardo
es quien cuenta

cantando la historia.
No es así esta vez.
Acepto tu gramo de amor,
que, si bien es cierto,
a multiplicarlo lo aprendí de ti.

Te agradezco el gesto,
y al mundo me lanzo,
escribiendo, gritando,
cantando y siempre diciendo:

¡Te amo!, porque al fin de cuentas,
amar lo aprendí de ti.

VII. La rosa engreída (preámbulo)

5 de enero de 2023

—¿Cómo te llamas? —preguntó el mago.
—«ENGRE EIDA» —dijo la rosa.
—Será «Engreída».
—Tú no sabes nada,
solo estás «culando espuela».
—Ah, *OK, OK,*
Rosa Engre Eida,
nice to meet you
¡AJUÁ!

VIII. Azul, ven

5 de enero de 2023

¿De qué sirve que me arrepienta,
si de nuevo caigo?
Me arrepiento
y mejor callo.

Pues en la consumación del pecado
me extravié día a día, año tras año,
sin saber siquiera
que había pecado.

La aniquilación de mi ser
no había de suceder,
pues mi corazón imploraba
ante tu presencia yacer,
con la ilusión de que algún día
tus ojos giraran hacia mi merecer.

¡Oh, mi sol!, que ciega fui,
pues tú me veías
y, aunque te intuía,
aún no sabía ver.

Ahora que te siento
en cada respiro
y en mi carne también,
de nuevo giro,
tu voz escucho:

—Azul, ven.

IX. Hacia ti volver

25 de diciembre de 2022

Quiera Dios que mi vida sea larga
para poder tener ser,
y cuando me vaya,
hacia ti volver.

X. Bosque o desierto

25 de diciembre de 2022

Estaba allí,
en postración,
y entonces él me vio,
susurró en mi oído:

—¡Ven, es hoy!
Escucha tu corazón,
pues él quiere hablarte
hoy y eternamente.

Deja que surjan las palabras,
y la tinta corra por tu libreta,
como mi sangre en tu cuerpo
y tu corazón.

Escribe el eco de tu voz,
que si tienes un acierto,
tu voz hizo eco a mi voz.

Azul, bosque o desierto,
¡aquí estoy!

XI. Me arrojé en tus brazos

Enero de 2023

Y allí estabas tú...

Una y otra vez en mi mente,
con el sudor en la frente,
como gotas de rocío
que por las hojas resbalan.

Mi corazón excitado,
con voz muda te gritaba:
¡Eres tú! ¡Eres tú!
El hombre que buscaba.

Entre más me esforzaba,
como olas del mar agitado,
más de mí te alejabas;
el efecto contrario en ti he causado.

Así, con el cuerpo exhausto,
borracha de tanto haber girado,
cuando el mundo me rechazó
y hasta el mar me vomitó,
supe entonces que tú
allí siempre has estado;
supe que siempre me has amado,
y me arrojé en tus brazos.

XII. Mi amor por ti

Enero de 2023

A veces no duermo
de pensar en pesares.
Esta soledad,
sola me encuentro;
en cama como un enfermo,
como un castigo infringido;
me recluí en mi apartamento.

Caprichosa he sido,
creyendo el amor era un premio.
Conoces mi amor por ti,
y aún no dilucido cuál es
la fórmula para vivir junto a ti.

Mis ojos y mi pluma develan
esta pasión eterna
que quise compartirte.
Me guardo bajo mil telas,
esperando levantar el telón
cuando tú me ames a mí.

XIII. Fui ángel

9 de enero de 2023

Las ideas fluyen,
en ebullición mi cabeza.
Las palabras, como cuerdas
de violín por Dios tocadas.

Sutiles olas azules
a la orilla llegan.
Tu imagen mi retina atraviesa
y a la corteza occipital llega.

Quise tener el poder
de ver mi carne transmutada
y en cada ser existir
para poder ser por ti amada.

Tenía trompa de elefante
que contigo jugaba,
las garras de un halcón
que en tu brazo se posaba.

Tenía celos
de otros poetas que
versos te escribían,
de la mujer que poseías,
mientras cada noche,

asomada por la ventana,
indiscretamente te observaba.

Cuando no abriste la puerta,
mil veces entré por la ventana;
y allí, recostada en tu cama,
fui el ángel que por ti velaba.

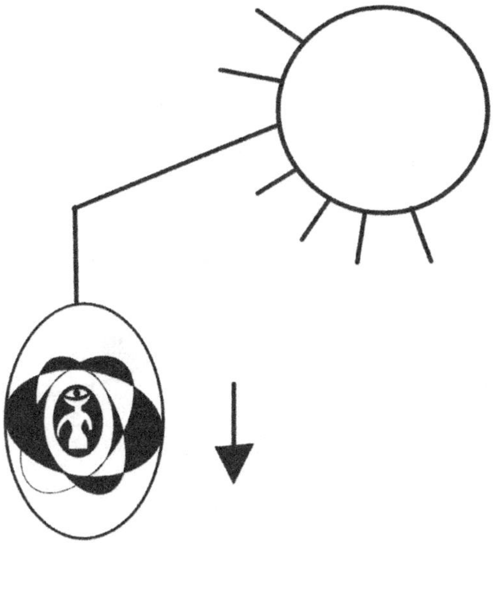

XIV. Vine

9 de enero de 2023

De vino, de miel,
de hojuelas de maíz,
de zafiros y diamantes,
de azucenas azules, mi piel.

Mi primera lágrima dejé caer,
vine a este mundo
a cantarte, a amarte,
y probé el sufrimiento, la hiel.

Soñaba que, al venir
y al mujer convertir
este cuerpo sutil,
tus brazos me iban a cubrir.

¡Qué ciega estaba!
Y en el devenir de un amor sutil,
me arrojé trastornada
a la tierra desgraciada y hostil,
que mi piel violentamente carcome.
Caí…

XV. Caí

9 de enero de 2023

Caí…
En la oscuridad perdida.
Había tantos seres
que apenas si recordaba,
se apilaban como hormigas
que por el sustento trabajan.

Quería recordar sus nombres
y solo recordé que Él los amaba.
Entre más me esforzaba
en recordar… más olvidaba.

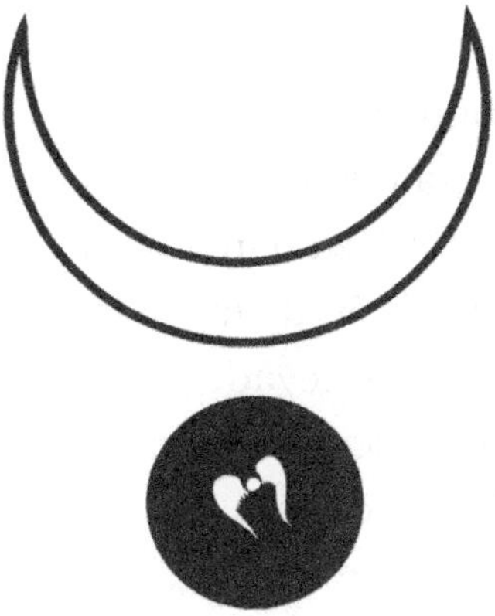

Sentí un dolor en mi espalda,
una nueva emoción,
y supe que no tenía mis alas;
supe que fui a la tierra arrojada.

Caminé y caminé buscándote,
pues tu rostro recordaba.
¡Cuánto ama el cielo al hombre!
¡Que un ángel por él las alas se arranca!

XVI. Fui mujer

9 de enero 2023

Entonces fui mujer.
Una y otra vez
¡Anhelando tu querer!
Anhelando de la misma forma
que cuando en tu ventana asome.

Sin esperanza ninguna
mis ojos hacia Él dirigí,
suplicándole perdón
por lo orgullosa que fui.

Y aunque aún te amo
y en esta forma me encuentro,
mi naturaleza te muestra
en la reunión de mis letras,
en el canto elevado
de una desconocida poeta
que hoy recuerda
cuánto te he amado,
en el cielo y en la tierra.
Tu nombre exclamo diciendo:
¡Te amo y siempre te amaré!

XVII. Bajo la ley de esta tierra

9 de enero de 2023

Bajo las leyes de esta tierra
se incendiaron mis alas,
destruyendo casi en totalidad
el potencial que Él regala.

En la oscuridad perdida,
desempeñando el papel
que aquí se me exigía,
en mi noche lúgubre y fría,
finalmente le vi a Él,
recordé.

Recordé quién era.
Pregunté: ¿por qué?
¿Por qué hay dolor en la tierra?
¿Por qué ama el cielo al hombre?
¿Por qué le amo a Él?
¿Por qué de mí me olvidé?

XVIII. Él me ama

5 de enero del 2023

Oh, cielo, que le cubres a él y a ella,
a ella con un manto de estrellas
y, al mismo tiempo, a él
con el brillo del sol.

Baila ondulante su melena
mientras cada mañana entrena,
embelleciendo su cuerpo de Venus,
y en su mente, con él fantasea.

Oh, como Marte, que a un ejército lidera,
futuro máximo comandante.
Él sabe que ella existe,
que de amor por él su piel reviste.

Se siente atraído y busca explicación
del vuelco que siente su corazón
cuando de ella llegan noticias;
mas educada tiene la emoción,
que contiene la pasión y deja el alma inerte,
callando el sentimiento que surgió.

Oh, cielo, dale libertad
y rienda suelta;
deja que sea el amo
de su corazón.

Tal vez en la noche
susurre el nombre de ella,
y en febril ensueño
le dé su amor.

Oh, cielo, fíltrate por su ventana
y acaríciale por mí,
que mis palabras parecen no gustarle
y él no viene a mí.

Oh, cielo,
dividido el mundo,
al igual que nuestro amor,
dime que es cierto
que él es capaz de sentir amor,
dime que él me ama, como lo amo yo.

XIX. Mi Frankestein

9 de enero de 2023

Cómo no amarte
si eres parte de mi sangre,
la mezcla de mis fluidos,
el sonido emitido de mi corazón;
el latido de mi bosque,
expresado por el pájaro del amor.

Cuando los cuervos conspiran,
me filtro en tus pensamientos,
reavivo memorias
guardadas en tus telómeros
y electrizo tu cuerpo,
cual Frankenstein, despierto.

Despiadada, tus orejas sujeto
y el mundo real te muestro.
¡Oh, mi querido, mi muy querido,
de mí, un grano de oro te entrego!

XX. Entre mis piernas, tú

9 de enero de 2023

Como buscando vida,
entre mis piernas te cuelas,
un gemido se escapa…
El ansia de mi boca.

Tu lengua… ¡Oh, tu lengua!
No dice palabras,
mas indiscreta
tu experiencia muestra.
Hasta el cielo me arrojas,
y en medio de esta acción
quemas mi corazón enamorado,
que por amor se entrega.

A la hora de la pasión
el cielo se toca,
el sufrimiento se olvida
y el alma toca.

XXI. Hombres

9 de enero de 2023

Soy una desconocida,
en libertad me encuentro.
Soy libre,
y la reina de este cuento.

Años hemos recorrido
luchando en el tablero:
caballos, peones,
torres y alfiles.

Hoy, libres,
reales, reinas y reyes,
somos hombres
de este cielo. Azul eres.

XXII. Hice caso

9 de enero de 2023

Hice caso a Papus,
un estilo escogí;
dije: «Quiero versos»,
y así mil versos te escribí.

Te escribo, mi querido,
mi amado, amigo,
lo que intuyo
y ahora sé.

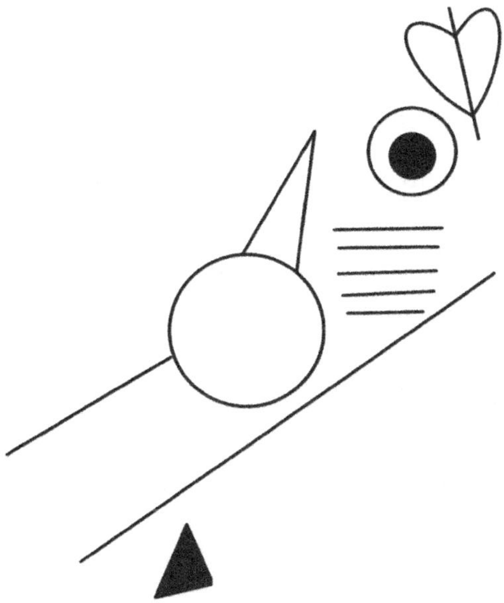

XXIII. Posguardia

9 de enero de 2023

Todos publican
sus mejores letras,
sus mejores facetas,
sus mejores fotos,
y a veces publicamos
hasta las tetas.

Por mi parte,
solo tengo interiores,
una luna en la barriga
que de hambre me aprieta.

A veces, cuando camino
de prisa por la banqueta,
veo un vagabundo
con cartones y periódicos
resguardándose del frío asfalto;
también veo, como tú,
una familia bajo un cobertor a cuadros
pernoctando en el coche,
esperando la noticia
de que el niño sobrevivió la noche.

Veo cómo, sin pedirlo,
un joven me ha lavado el coche.
Una propina le he dado

y, a manera de reproche,
le dije:

—¡Ay de ti si te veo
que en el activo lo has gastado!

Enciendo el motor,
luego las luces,
son las 20:44 en el reloj;
recuerdo cómo te amo.
No hago ningún reproche.

Amor, buenas noches.

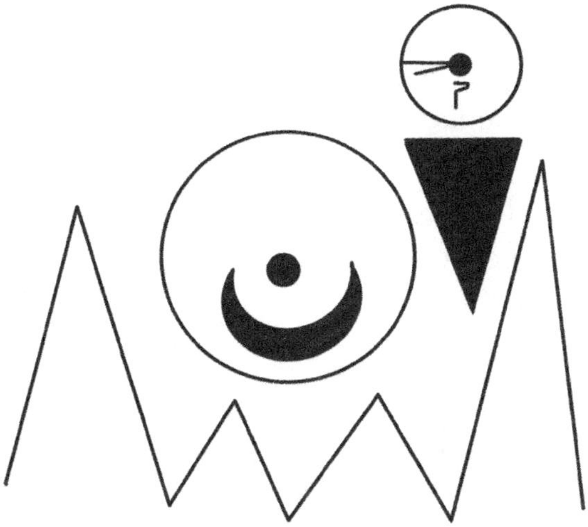

XXIV. No hay reproche

9 de enero de 2023

Como hipnotizada,
con mi grillo peleaba;
por dos meses su voz escuchaba
y a escribir me negaba.

Asomada por el balcón,
la luna llena miraba,
y enojada le reclamaba:

—¿De qué sirve cantar,
si él no escucha nada?
¿De qué sirve gritar?
¿Exponerme así al mundo,
si no soy por él amada?
***
Has embellecido tu cuerpo,
has limpiado la casa.
Sábete que eres amada.

De los infinitos mundos
y los miles de universos,
a ti te eligió y un regalo te dio.

No olvides de nuevo el propósito,
pues al escuchar tu ruego,
te regaló su voz.

Gracias...
Ahora, ¡no hay reproche!

XXV. Sucia

9 de enero de 2023

Tu piel morena
y tu melena ondulada,
esa cicatriz en tu ceja
que mi lengua trazaba.

Inhalo tu perfume,
y, mi mejilla rozándote,
siento el sudor
y tu húmeda simiente.

Caigo de nuevo
en el dulce embriago,
y, aunque parezca sucia,
todos tus rincones lamo.

Como Napoleón a Josefina,
te he pedido, al llegar a casa,
no te hayas lavado, para lavarte yo
tus axilas, tus aristas y todos tus lados.

¡Oh, mi querido!
Es imposible no verte
o estar contigo a ojos cerrados.
Es imposible no amarte,
porque tú eres mi amado.

Segunda parte
«Él toca la puerta»

I. Soy mujer

Enero de 2023

A veces,
tengo miedo de que mis palabras
en tedio tornen tu atención,
o se envilezcan
como la actual cuestión;
y tu valiosa mirada
se pierda entre las marcas del reloj.
A veces, pierdo toda esperanza,
al igual que mi ego.
Pierdo mi personal importancia,
y sin sospechar, me desapego.

A veces…
Las palabras no bastan,
reconozco la falta
y me das solución,
la medicina a mi corazón.

¡Siempre estás allí!
Aunque creí que volvías a mí,
dices:

—¡Nunca me fui!
A veces, soy la luna
que tus ojos enmarcan,
a veces, soy el sol
que secretos te canta.

A veces…
Me pierdo en tu cama,
cuando llega el alba me disperso
y en versos vuelco mi alma.

A veces, soy la muchacha
que, en el anhelo de tu boca,
sobornó al centinela
y le entregó hasta su alma.

A veces, soy canción, poema,
el águila que vuela,
el halcón en tu brazo,
la hija en tu regazo.

A veces, intento ser,
y al verme en el espejo,
cuenta me doy
de que soy quien quiero ser.

¡Soy mujer!

II. Valiosa

Enero de 2023

Anda diciendo
que le soy valiosa,
y cuando fui a su casa
me trató como leprosa.

Qué importa no ser princesa,
que sea del vulgo o facinerosa,
si usted lo único que busca
es dónde meter la cosa.
Guarde usted mejor su prosa,
que si andamos compitiendo en letras,
su mecha me queda corta,
y en una de esas me sirve
la mecha pa palo de escoba.

Recuerde que soy mujer
¡y soy valiosa!

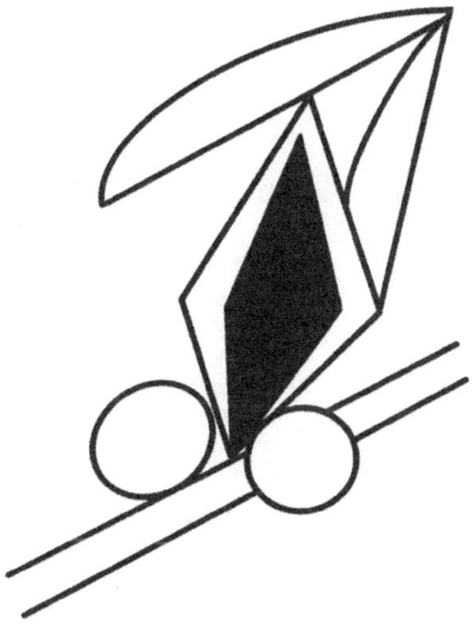

III. No me juzgues

Enero de 2023

No me juzgues
cuando veas
que de nuevo caigo.
No me juzgues.

¡Mírame!
Mira el esfuerzo
que hago a diario.
¡Mírame!

¡Ayúdame!
¡Apiádate!
¡Ten misericordia!
Que si ignorante fui,
reconozco que tú
sabio eres;
y tu ayuda es
para mí maravillosa.

IV. Canto solo canto

Enero de 2023

Mi oficio es cantar,
como obligación es
de los sabios hablar.

Canto para el que escucha,
para el que busca amar.
Canto para mí.
Canto, solo canto;
pues Él lo elige así.

V. Cuántas veces

Enero de 2023

¿Cuántas veces te pedí ayuda?
¿Cuántas veces te suplicaba?
¿Cuántas veces mi corazón te buscaba,
y tú solamente mirabas?

¿Cuántas veces conmigo jugabas?
Cuando sugerentemente me invitabas,
una vez fui, y tú, de tu cueva,
apenas solo te asomabas.

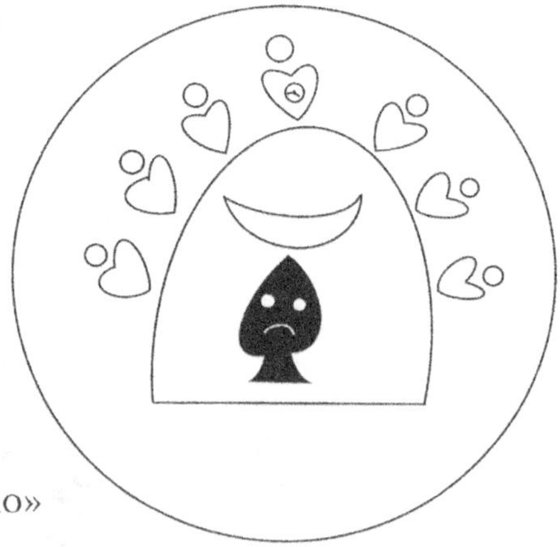

¿Cuántas veces te esperé
sentada en mi cama?
Con la sonrisa en mi cara,
bien ataviada, perfumada.
¿Cuántas veces vi el reloj
y tú no te acercabas?
¿Cuántas veces te dije «te amo»
y tú no dijiste nada?
Nunca saliste de tu cueva;
nunca supiste cuánto te amaba.

VI. Corrígete

Enero de 2023

Corrígete.
El rumbo recupera.
Supérate.
Reconócete.

Sabiamente,
desaloja la basura
de tu mente.
Olvídate de lo falso.
Mírame, ve.

VII. Aquí

Enero de 2023

Aquí nos matan
a todas y a todos.
Aquí nos matan
por todo y por nada.

Aquí, esa es la igualdad
que impera en toda ciudad.
La ingenuidad te roban,
y hasta los poemas por boba.
Aquí ya no hay más nada
que perder o robar.
Aquí solo queda Él,
en mi corazón tatuado,
en mi ser.

Y aunque intenten,
no podrán borrarlo,
aquí está Él.

VIII. ¿Dónde estoy?

Enero de 2023

¿Dónde estoy? me han preguntado.
Estoy en cada punto que he dado,
en el injerto de piel de un niño quemado,
en cada sonrisa que he causado,
en cada lágrima que he derramado,
en las páginas de mi diario,
en la memoria de tu ser,
en el suelo que descalza he pisado,
en el aire que exhalo,
en el agua que mi cuerpo lava.

Estoy contigo, amor,
¡tú eres quien amo!

IX. No comprendía

23 de enero de 2023

No comprendía
los colores, las sonrisas,
los momentos serios
y los de algarabía.

No comprendía...
Los sonidos que emitías,
los acordes, los discordes,
y cuántas veces enojo fingías,
pues la situación lo exigía.

Difícil es reprender
a un ser que amas,
y que es aún niño
aunque su pelo pinte canas,
pues por largo tiempo
ciego ha sido.

¡Dios, cuánta paciencia
me has tenido!

X. Este es tu tiempo

23 de enero de 2023

Ahora lloro en un rincón
por lo acontecido,
aunque has dicho que las lágrimas
nunca de nada han servido.

Y cuando sea inevitable,
es mejor derramarlas,
que como una bomba llevarlas
en el cuerpo contenido;
pues en cualquier momento
podrían causar un estallido,
y el daño sería aún peor
que haberlas vertido
cuando lo has querido.

Mira quién predica con el ejemplo.
¡Esfuérzate!
Es verdad, mi cuerpo físico no está contigo,
cada quien marcha en su momento.

Date cuenta de que tú estás,
y de que este es tu tiempo.
¡Ahora y siempre,
camino contigo!

XI. Gente de amor

23 de enero de 2023

Sé que estás pensando,
y que tu mente está maquilando.
Sé que estás soñando...

Pero, ¿qué clase de ser humano eres
si no luchas por lo que quieres?
Quieres llegar a mí y solo te mientes.
¿Crees que es un juego estar presente?

¿Es acaso una aventura vivir la vida?
Abandona la estupidez y la amargura,
mira con atención lo que se te ofrece.

¡Aprende! ¡Trabaja! ¡Esfuérzate!
Aprecia el legado que se te dio,
pues fui quien lo envió.
Abre los ojos y sabrás que sabes,
sabes del amor.
Pues tú eres Gente del Amor.

Amante...

XII. Él toca a la puerta

23 de enero de 2023

Ella,
todos los días escribe en su libreta,
soñando que un día estará en sus brazos
y será su fiel amada.

Él,
la mira y muchas pistas le muestra,
le canta en la ventana con el ruiseñor,
hace que su perro le lama la oreja;
a medianoche la despierta,
son las 3:44 en el reloj.

Ella se levanta,
camina por el pasillo
y una sombra le espanta;
se arma de valor,
enciende una vela,
la vela de su corazón.
Una lágrima derrama
por su amor.

De nuevo está en su cama,
aunque no deja de oír su voz.
Se enfada, discute,
y por Él clama.

—¡Llévame contigo!
¡Este no es mi sitio!
¡Quiero estar con vos!

El cuerpo se cansa,
mi piel se marchita.
Pedí venir aquí…
¡Tal vez fue equivocación!

—¡Perdóname!
Amo al mundo y al hombre,
pero más te amo a vos.

Él toca a la puerta,
y ella obedece su corazón,
le abre.

—¡Azul, despierta! ¡Aquí estoy!

XIII. Tengo frío

Enero de 2023

¡Tengo frío!
Porque no te siento,
estás distante, esquivo.

Tengo frío
de tu ausencia,
de esa querencia que nos consume
y ahora es como una estrella
que se apaga, se aleja.

¡Tengo frío!
Porque tu aroma se pierde
en la bruma de mis madrugadas,
y la lámpara encendida
se apaga cuando cae la noche;
si no apareces, mi sol,
mi sol de madrugada.

¡Tengo frío
si no estás, amor!

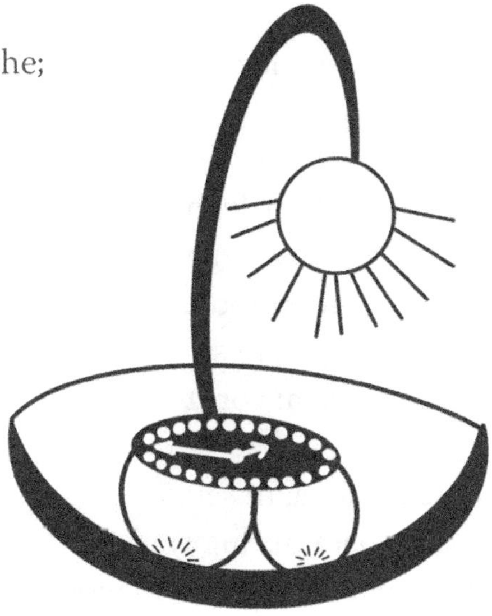

XIV. El grillo canta en mi ventana

19 de febrero de 2023

El grillo canta en mi ventana
y quiere que escuches su voz.
Arrobador sonido me hipnotiza,
seduce y enamora,
conduciéndome a ti, amor.

Le he preguntado
por qué no canta en tu oído,
y no por mi conducto
lleva a ti su voz.

Él dice:

Desde ahora
solo canta en *zu* oído,
tienes *zu* atención.
El grillo canta en mi ventana,
al igual que en tu balcón.
Seré tu maestra, tu amiga,
tu amante, tú mi bribón.
Te mostraré los mares
y un poco más, mi corazón.

Soy quien te ama, tu sangre,
una madre para tus hijos,
una hermana para tus hermanos

y tu propio yo;
pues en cada respiro estoy.

No es necesario negarme,
no niegues a quien te ama,
quien te ama soy.

XV. Sé que te amo

21 de febrero de 2023

Sé que, aun con los ojos cerrados,
te vería, amor.
Sé que estás conmigo,
en cada latido del corazón,
en cada respiro,
en la inspiración,
en el canto del grillo
y del ruiseñor;
en la emanación,
en mi esfuerzo
de día a día
conjuntarme con vos.

Sé que te amo
como tú me amas,
pues siempre escucho tu voz.

¡Te amo, amor!

XVI. Muero

22 de febrero de 2023

La vida de mi cuerpo
se escapa,
me ahogo,
el cielo se apaga.

Mis raíces
del suelo se desprenden,
y antes de mi último suspiro,
tu nombre sale de mi boca.

Te nombro.
Exhalo.

¡Ahora estoy
junto a ti!

XVII. Mi refugio

24 de febrero de 2023

La poesía es mi refugio,
es un tanque de guerra,
un castillo amurallado,
un cielo cubierto de estrellas.
La poesía me ama
y yo la amo a ella,
me seduce, me envuelve;
cuando desnudo, me encuentra.

La poesía soy yo.
La poesía es ella.
La poesía eres tú,
mi guía, mi estrella.

Poesía somos todos,
quienes a Él encuentran.
Poesía es escucharte,
aunque no siempre comprenda.

Poesía es el refugio
que Él me dio
en medio de la tormenta,
y hace mi alma engrandecer.
¡Poesía es! ¡Poesía soy!

XVIII. La escucha

26 de febrero de 2023

¿Por qué, si yo me siento
a meditar tus poesías,
tú no te sientas
a meditar las mías?

¿Qué acaso no se detuvo un sultán
a escuchar a una hormiga?

¡Siéntate! ¡Escucha mis palabras!
Como el agua azul del río son.

¡Deja que Azul entre en tu corazón!
¡Bebe vino!
Deja arrastrarte por la corriente,
el cauce del río somos tú y yo.

Cuando pensaste que la noche era larga,
dura y eterna, solo fue ocasión
de entrar por tu ventana
e iluminar tu habitación.

Me he metido en cada poro,
en cada sentido,
en cada rincón;
estoy en tu corazón.

Tú me lo has permitido.
¿Ves ahora
la importancia de haber vertido
en tu ser mi amor?

Es verdad lo que intuiste,
es verdad el fuego en tu corazón,
es verdad la escucha.
Soy tú, sol.

XIX. Confesión

26 de febrero de 2023

Hicimos un pacto,
conjugarnos.
Tú, verbo,
yo, sustantivo.

Pedí tu ayuda…

En mi corazón existes,
mas no sabía tu lengua,
ni describir el sentir de mi ser
ante tu presencia.

Y así, como un pájaro atolondrado,
de tu mano tomé el alimento sagrado.
De cera mi cuerpo,
tú lo has incendiado.

Te dije: «Soy la cera y tú la flama».

Era para mí un gran descubrimiento
lo que tú por siglos has regalado.
Tú sonreíste de mi asombro,
pues siempre el camino has mostrado.

Te escribí: «No entiendo qué es ser imán».
Pensé en política, en metal, en hierro.
Ahora, un gramo de oro colocaste
en mi corazón, en mi cerebro.

Vi un fuego azul cocer mi cuerpo.
Borré mi rostro del mundo.
Ahora, frente al espejo,
solo te veo a ti, ¡recuerdo!

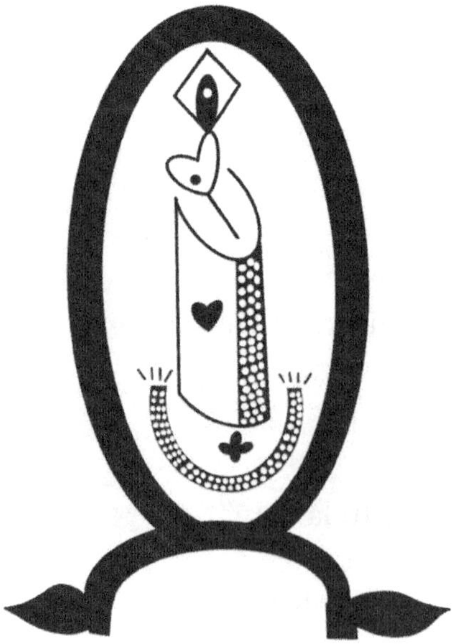

Tercera parte
«Soy quien te ama»

I. La primera noche

Marzo de 2023

Llegó temprano…
Estaba confundida y deseosa.
Me tomó de la mano, me dijo:

—¡Quiero que seas mi esposa!

Recuerdo haberlo visto
asomada desde mi ventana,
sentado en la banqueta.
No sospeché nada.

Esa noche
fuimos a un restaurante,
tenía fama de hacer buenos cortes.
Me senté en sus piernas
y sus orejas besé.
Pedí un tequila doble.

Recuerdo que una canción sonaba,
no sé su nombre.
Recuerdo el golpeteo
de su cuchillo en mi cuchara,
todo el cuchicheo
que en el lugar se escuchaba.

Trajeron mi tequila,
quise saborearlo
y de sal tus labios unté;
para después lamerte
los labios y hasta los pies.
Pasé de tus comisuras,
de tus honduras
al arco de Cupido
mi lengua; divertida,
vi tus mejillas enrojecer.

Mis manos traviesas
bajo la mesa,
sin habla te dejé.
Aunque había gritos y golpeteos,
cuchicheos, risas, qué sé yo…
En ese momento supe
que mi vida ya no era mía,
que a ambos pertenecía mi ser.

¡El tiempo detuve!
Mi mano izquierda rodeó tu cuello,
mis labios jugueteaban
y a veces mordían tus bigotes.
De todo me reía,
tú jadeabas.

Dijiste:

—¡Por Dios, decídete!
¡Date cuenta de dónde estamos!

¡Ya dilo! ¡Di que sí!
¡Di que quieres ser mi mujer!

Los primeros dos botones desabroché,
me levanté de la mesa,
metí mi mano en la blusa
y te arrojé el brasier.

—¡Te espero en el coche! —grité.

Esa fue nuestra primera noche
de las muchas que vendrían,
la verdad no las conté.

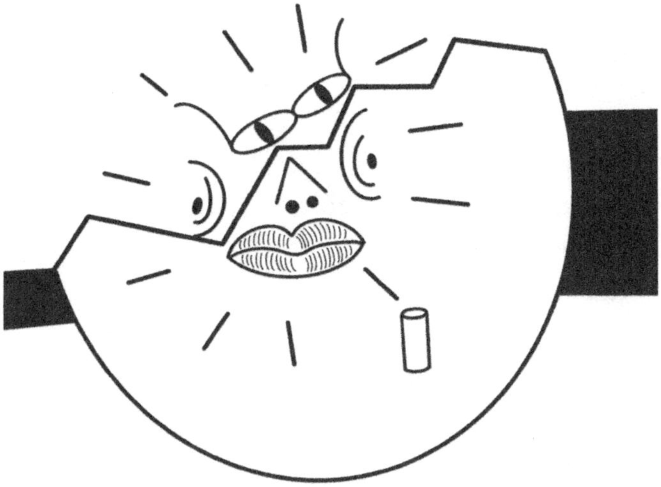

II. Qué voy a decir

Marzo de 2023

¡Qué voy a decir de tus amores!
¡Qué fuerte! ¡Cuánto te amé!
Cuando cerraba las cortinas
e indiscretamente susurraba
entre risillas cortadas que te amaba,
siendo mujer, lo hacía como una niña alocada.

Tus pestañas rizadas
por las noches espiaba,
cuando las grietas de tu cuerpo
frenéticamente besaba.

¡Qué voy a decir de nuestros amores!
Ofrecí mis pechos,
cántaros de guardada miel.
Mi cuerpo temblaba y mi corazón cantaba
como baten los tambores,
soñando tu lengua se extravíe
allí donde el almizcle
fija la fragancia de mis flores.

¡Qué voy a decir de nuestros amores!
Si con sangre escribo,
es porque aún no concibo que mueras
como muere mi noche.

¡Qué voy a decir de nuestros amores!
Que ciega estoy por tu luz en mis pupilas,
que solo estás tú y tus sabores,
que no hay distinción entre noche y día.

¡Qué voy a decir de nuestros amores!
Diré que te amo y te amé,
sin saber que eras tú
el que a mí venía cada noche.
Eso diré, amor…
¡Mi sol de medianoche!

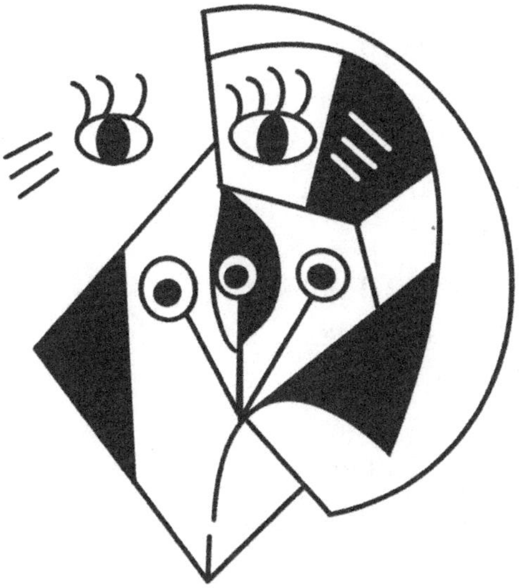

III. Esposa

28 de marzo de 2023

Quisiera tener
las maneras refinadas,
las carnes torneadas.

Quisiera tener
rebosantes las arcas,
y miles de rebuscadas palabras.

Mas tengo
henchido el corazón,
y de Él, bordados de oro
hermosos nombres.
Aprendí a andar ligera,
a despertar desnuda,
y, a mi pesar, a veces
a ser maltratada como mujer;
pues aún no tengo afilados
ni garras ni dientes.

A mantener la boca callada
y esperar el momento oportuno.
Ser el halcón en tu brazo
que tras la presa se lanza.

Mis ojos ven
a través de tus pupilas
cuando me recuerdas.

Y mis pulmones exhalan
el amor que viertes en mí
cuando me amas.

Llevo arrugas alrededor de mis ojos,
la piel curtida por el sol,
y tu sangre tiñe
mis labios rojos.

Llevo ásperas las manos
de lijar madera y metal.
Transmutar en oro, soy artesano,
tú el ebanista, yo tus manos.

Agrietados los talones
de andar en equívocos caminos,
sufrían mis pies
sin saber las razones.

Zapatillas me calzaste,
y al sendero,
tras beber un sorbo de vino,
me arrojaste.

—¡Vivir es tu destino!
Quisiera ser la rosa más hermosa
que nunca en el mundo haya existido,
mas solo soy mujer
y soy tu esposa.

IV. Siempre fuiste mío

28 de marzo de 2023

Le pedí ser poeta...
Me regaló su canto.
Sin embargo, sueño
reclinar mi mejilla en tus piernas
y rodear tu cintura en mi abrazo.

Escuchar las notas de tu corazón
cuando fuerte elevas el tono de tu voz
y muestras el germen del amor
que, al escucharte, en mí se siembra.

Tus labios, en una disimulada sonrisa,
con tus ojos chispeantes,
me avisan, haciéndome cómplice
de lo que nos espera como amantes.

Tus dedos juguetean
con un botón de tu camisa,
no aguantas más
y explota tu risa.
¡Corro tras de ti!
Tú apenas me dejas
rozar el polvo que pisas.
Disimuladamente, tu cabeza giras
buscándome, mas no me miras.

Sigues tu curso en el camino
y, cuando a tu destino llegas,
tu cara, boquiabierto,
está sorprendida,
pues soy la que te espera,
quien te ama,
quien te llama al nido.
Una mueca en mis labios, apenas sonrío.
Mi mirada se clava en ti,
en gesto serio sin ser frío.
Te tomo de la mano.

—¡Ven conmigo, amor mío!
Te esperé... un mar, un río.
Te esperé y tú, sin saber,
¡siempre fuiste mío!

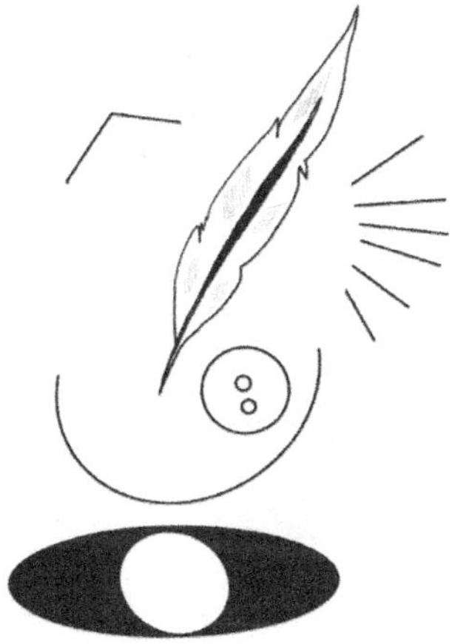

V. Soy quien te ama

28 de marzo de 2023

Un día, o tal vez una noche,
frente a frente a mí estarás;
el brillo de mis ojos quizá te ciegue
y mi forma no distinguirás.

Mas tu sabio corazón me reconocerá.
Fui el rocío que en tus madrugadas
refrescó tus mejillas,
la voz que te susurraba
y te ayudaba cuando
una decisión difícil tomabas.

A veces, en sueños me mirabas,
aunque no sabías que de mí se trataba.

Fui la arena del vasto mundo
que tus pies pisaban,
las hojas del bosque
que del sol te ocultaban,
la lluvia que caía sobre tu cuerpo
cuando, de niño, alegremente
y para celebrarme,
dejabas que te mojara.

Fui tus brazos
cuando a tu hermano abrazabas,
la lágrima que cayó por tus mejillas
cuando lo sepultabas.

El nudo en la garganta
cuando, queriendo gritar… callabas.

Todo eso y aún más soy.
¡Soy quien te ama!
El recuerdo de un mundo.
La llama.
La voz.
Soy.

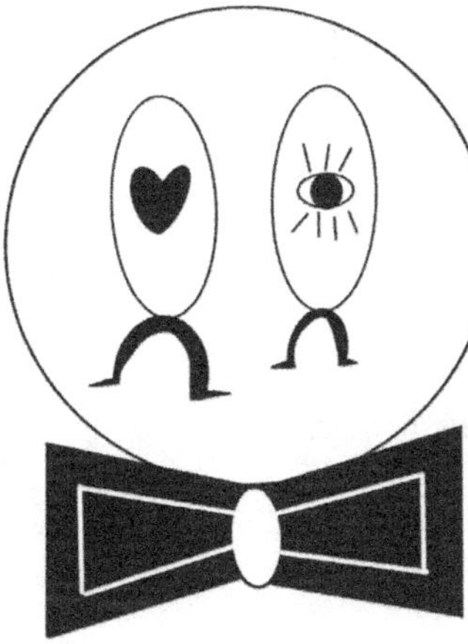

VI. Cyrano y no sirena

28 de marzo de 2023

Pretenciosa, me mostré al mundo
dirigiendo hacia ti mi dulce voz,
creí que mi ingenuidad
era sinceramente una cualidad.

Es verdad, fui ingenua.
¡Aún lo soy!
Tal vez soy Cyrano y no sirena,
Cyrano de Bergerac.

Soñando, mi canto te enamoraría.
Tengo un alma, dijiste:
«Dios creó un alma exaltada para mí».
Es verdad, ¡me creó a mí!

Y aquí estoy,
a miles de kilómetros.
Tal vez un día mi canto a ti llegue
y al fin sepas lo que es amor.

VII. Soy débil

28 de marzo de 2023

Creí ser fuerte...
Todos guardan silencio,
¿a quién le importa mi suerte?
No ser fuerte me lamento.

Porque ni siquiera tengo un boleto
para emprender el viaje.
Invisibles cadenas sujetan mi cuerpo,
no he ido a verte.

Cuando terribles cosas suceden
y una legión contra ti conspira,
esta alma sola pretende
derribar los muros que te aprisionan.

Mis lágrimas me delatan.
¡Soy débil!

¡Dios! ¡Hazme fuerte!
Deja que mi voz resuene,
que la verdad salga a la luz
y te libere.

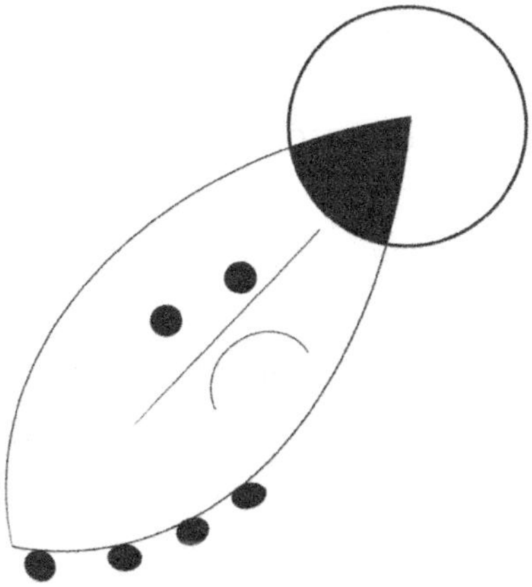

VIII. Petición

28 de marzo de 2023

Considere, señor,
mi canto una canción,
una súplica, un ruego,
mi más humilde petición.

A Él le pedí ser poeta,
a usted, motivación,
y como un milagro
me regaló su voz.

Mas no sabía la treta,
mi corazón se enamoraría.
En este camino nuevo,
ahora, sola estoy.
¿Qué podría ofrecerle yo?
Solo me tengo a mí misma
y nada soy.
Tengo este canto, mi canción.

No me atrevo a pedirle,
a suplicarle,
aún mi pluma titubea;
solo quería que usted mi alma viera.

Mis manos están vacías,
mi pecho, lleno de amor,
el cual quisiera
que usted correspondiera.

Ser amada,
su amada, señor.
¿Es acaso para usted difícil?
¡Lléveme con usted, con usted me voy!

IX. Tal vez sí me ama

28 de marzo de 2023

Tengo miedo
de que al corresponderme,
mis heridas aún no cierren
y no sepa amarte.

Mi cuerpo tiembla
y se pregunta
si podré librarme
de las cadenas
con las que el sufrimiento
supo apresarme.

Pensé que me verías como un pájaro,
un ave de alas rotas.
No quería confesarte
cómo mi mundo fue a quebrarse,
y tuvo que incendiarse mi cuerpo
para de nuevo formarse.

Lo confieso,
aún tengo miedo,
pues, aunque escribo
el amor que por ti tengo,
no sé cómo mi cuerpo reaccionará
al tenerte cerca y sentir tu abrazo.

Porque es necesario desechar el miedo
para poder recibirte... Lo sé,
lo intuye mi corazón.

Tal vez sí me amas.
Tal vez tendrás la paciencia.
Tal vez solo, callado,
mi cuerpo abrazas
y dejas que a ti se acostumbre.

Tal vez un día llamas
y mi corazón brincará al saber
que me amas.
Tal vez solo dejará
que me seduzcas y me conduzcas
por la senda que me fue desconocida,
hasta sentir tu amor.
Tal vez sí me amas
pueda decirte
que también te amo yo.

X. Amor por ti tengo

6 de abril de 2023

Ven aquí, siéntate conmigo,
voy a decirte un secreto:
tengo todo reunido
aquí en mi pecho.

Tal vez te he confundido
jugando en tu lecho,
mostrándote el mundo
que construí por ti.
¡Por ti lo he hecho!
¡Es mío, es tuyo, es nuestro!

Sueñas con el hombre
y su faz te hipnotiza,
cien nombres y mil caras tengo.

¡Soy yo a quien amas!
¡Soy yo quien vengo!

En cada frase,
en cada mirada,
no dudes:
¡amor por ti tengo!

XI. Atada

6 de abril de 2023

Estoy atada de manos y pies,
estoy *hackeada* hasta el cuello.
Han puesto a mis labios un sello,
mas mi pluma vuela surcando el cielo.

Mágicas palabras danzan
al son de un violín y un cello,
tu vecindad por las noches,
cuando vienes, es mi consuelo.
¿Qué puedo darte que tú no tengas?
¡Soy tu esclava! ¡Tú, mi dueño!
Mas, dejándome libre,
mi decisión tomada: soy tu siervo.

Ven por mí.
Velo, esperanza.
La luz no se apaga
en cielo eterno.

XII. Mujer, doctora y medicina

6 de abril de 2023

Siendo el corazón, palpito.
Pero cuídate, M., de las gozosas fiebres,
que, siendo un señor,
hasta la tumba te remiten;
cuando alegremente corres
tras hermosas mujeres
que, como diosas, ostentan
las mejores pieles.

Sabiendo que pueden
encantar hasta un muerto,
mas no llevarte al huerto
donde tu alma habita.

Siendo doctora y medicina,
te digo: tómalo con calma,
que a estas alturas
solo la sabiduría aplica.
Gozo, placer y medicina
de la mano te lleven,
y con tu lunar jueguen
las que el saber tienen.

Que abran tus ojos
a la oscuridad,
y con sabia medida
te den gozo, placer y eternidad.

XIII. Certeza

11 de abril de 2023

Me gusta creer
que tú me amas,
sin embargo, ten certeza
de que te amo a ti.

Conjugar la humedad
de tu cuerpo
con el calor de mi abrazo,
ser uno es mi deseo.

¡Oh, varón de barba hirsuta!
¿No sabes de quién huyes?
¿Acaso no has oído de mí?
Aminora el paso en la marcha.
¡Atento, escucha!
Soy la medicina que buscas,
lo que tanto has rogado,
no huyas más de mí.
¡Estoy aquí!

Has dicho:
—No puedo más que sonreír
al leerte y al escucharte.

Es verdad, pues soy palabra
escrita, ahora vivo en ti.

Tus ojos, que antes miraban,
ahora ven
las azucenas
azules.

XIV. Soy la rosa que te acaricia

12 de abril de 2023

Mientras tú construyes
muros de concreto,
construyo
mi corazón.
Y de flores revisto
el suelo que pisas,
ausento el tormento
que de mí te aleja.

Intento, intento, intento
educar tu oído
para que escuches
voz y latido de mi corazón.

Aún en el suelo,
bajo tus pies,
¡soy la rosa que te acaricia
y aún no ves!

XV. Discúlpame

12 de abril de 2023

Discúlpame
si alguna vez me he bloqueado
o me he ocultado
bajo otro nombre.

Lo he hecho intencionalmente,
pues mi anhelo es
estar frente a frente
y unirme a ti.

Con mis pies descalzos,
con mis pocos sesos,
desnudo el corazón,
sin tapujos ni encubiertos.
Te ruego:
cristaliza mi ser,
une el vasto universo
para que eternamente pueda
seguirte viendo.

XVI. Antiguo engaño

16 de abril de 2023

Fui, a trazos, regando mis sueños,
del engaño presa he sido.
Sufro los daños
por años haber perseguido
un fantasma, una ilusión,
lo equívoco.

Quería orear mis alas,
que, húmedas de lágrimas, empapé,
emprender suntuoso vuelo,
reunirme con usted.

Soñaba que sus labios besaba,
degustando canela y miel,
sus canas de plata en vaivén.
Mas solo fue un espejismo,
un truco barato
de ufano modernismo
donde caí sin saber.

Fui engañada
una y otra vez,
hasta que la verdad
te encontré.

EDIQUID

Made in the USA
Coppell, TX
09 October 2025

61071132R00062